Made in the USA
Las Vegas, NV
05 April 2022

46888205R00068